Artistes | numéro **58**

PIERO DELLA FRANCESCA,
LE PEINTRE MATHÉMATICIEN

— La rencontre du réalisme flamand
et de la rigueur toscane

par Delphine Gervais de Lafond

50**MINUTES**

Avec la collaboration d'Elisabeth Bruyns

PIERO DELLA FRANCESCA

- **Nom ?** Pietro Di Benedetto De Franceschi, dit Piero Della Francesca.
- **Naissance ?** Né vers 1416 à Sansepolcro (Toscane).
- **Mort ?** Décédé le 12 octobre 1492 dans la même ville.
- **Contexte ?** La Première Renaissance italienne ou *Quattrocento*.
- **Œuvres majeures ?**
  - *Vierge de la Miséricorde* (1445-1462)
  - *La Flagellation du Christ* (vers 1455)
  - *Vierge et l'Enfant avec saints, anges et le duc de Montefeltro* (vers 1472-1474)
  - *Diptyque des ducs d'Urbin* (vers 1474)

Peintre, architecte et mathématicien, Piero Della Francesca, qui possède de multiples talents, est un acteur majeur du *Quattrocento* italien. Fresque, tempera, huile, aucune technique picturale n'a de secret pour lui. Considéré comme le meilleur géomètre de son temps par Giorgio Vasari (1511-1574), il excelle aussi bien dans la représentation humaine que dans la création d'espaces géométriques parfaitement définis.

Des églises de son village natal de Sansepolcro aux palais des plus grandes cours italiennes, en passant par les salles vaticanes à Rome, Piero Della Francesca s'investit dans chacune de ses œuvres avec la même ardeur, révolutionnant l'art de son temps par un subtil mélange d'influences flamandes et toscanes. Chez lui, la subjectivité gothique s'efface sous l'exigence classique du modèle antique. Attitudes solennelles et géométrisation des volumes sont les piliers de son style monumental aux formes harmonieuses. Quant à ses thèmes, l'artiste réconcilie avec une grande liberté sacré et profane dans des mises en scène audacieuses.

Ses compositions originales aux divines proportions et ses traités théoriques exerceront une influence incontestable durant la
Renaissance. Antonello Da Messina (vers 1430-1479), Pérugin (vers
1445/1450-1523), Léonard de Vinci (1452-1519) ou encore Raphaël
(1483-1520) sont tous redevables à ce génie visionnaire à l'esprit
cartésien et au cœur humaniste.

CONTEXTE

LA RENAISSANCE ITALIENNE

L'histoire de l'art sépare traditionnellement la Renaissance italienne en deux périodes : le *Quattrocento* (xve siècle) et le *Cinquecento* (xvie siècle). Le *Quattrocento*, dont la capitale artistique est Florence, est représenté, entre autres, par les architectes Filippo Brunelleschi (1377-1446) et Leon Battista Alberti (1404-1472), les sculpteurs Lorenzo Ghiberti (1378-1455) et Donatello (vers 1386-1466), les peintres Paolo Uccello (1397-1475), Fra Angelico (vers 1400-1455), Masaccio (1401-vers 1428), Piero Della Francesca et Andrea Mantegna (1431-1506). Le *Cinquecento*, dominé quant à lui par Rome, s'inscrit dans la continuité du siècle précédent tout en approfondissant les recherches menées sur la perspective, l'harmonie des proportions et la couleur. Il est incarné par de grands génies tels que Donato Bramante (1444-1514), Sandro Botticelli (1445-1510), Léonard de Vinci, Michel-Ange (1475-1564) et Raphaël.

Suite au développement du courant humaniste, qui préconise la lecture des auteurs antiques (Platon, Aristote, Homère, etc.), et aux découvertes archéologiques mettant en valeur les chefs-d'œuvre de la statuaire gréco-romaine (le Laocoon, l'Apollon du Belvédère, etc.), l'art de la Renaissance délaisse progressivement le modèle gothique pour revenir à un langage inspiré de l'Antiquité. Les artistes s'affranchissent également de plus en plus du poids de la tradition chrétienne et, toujours sous l'influence de l'humanisme, font preuve d'un intérêt nouveau pour l'être humain. Considéré comme le miroir de Dieu sur terre, l'homme est désormais au centre de l'univers. En peinture, la mode est d'ailleurs au portrait. Les peintres cherchent désormais à rendre avec plus de réalisme la vérité psychologique et anatomique de la figure humaine.

LA SCIENCE AU SERVICE DE L'ART

De manière générale, la Renaissance italienne célèbre la rationalité scientifique au détriment de la pensée spirituelle et ésotérique. Les avancées techniques dans les domaines des mathématiques, de l'astronomie, de l'anatomie ou encore de la médecine ont des répercussions directes sur la production artistique.

L'artiste est tout d'abord encouragé à développer une approche érudite et scientifique de son art. Les architectes sont les premiers à mettre en pratique les théories de Pythagore (vers 570-480 av. J.-C.) et de Vitruve (Ier siècle av. J.-C.). Ils sont rapidement suivis par les peintres qui adaptent les théorèmes mathématiques et les principes de la géométrie euclidienne à leur discipline. Les règles de la perspective et de la proportionnalité font ainsi leur entrée en peinture. Cette nouvelle vision mathématique de l'art vise avant tout à accéder à une représentation plus fidèle de l'objet peint. Créer une illusion de profondeur sur un espace en deux dimensions devient la principale préoccupation des peintres (jusqu'à l'apparition de la photographie au XIXe siècle). Pour ce faire, ils ont recours à différents artifices : les volumes sont modelés par un jeu d'ombre et de lumière, l'éloignement des différents éléments dans l'espace est déterminé par le rapport de proportions (l'objet est plus petit s'il est lointain) et la profondeur est rendue par l'usage de la perspective linéaire à point de fuite.

LEON BATTISTA ALBERTI

Artiste pluridisciplinaire à la fois écrivain, philosophe, peintre, mathématicien et architecte, Leon Battista Alberti est l'un des premiers à appliquer les principes scientifiques à l'art. Il est surtout connu pour ses écrits théoriques. De 1436 à 1464, il entreprend la rédaction d'une trilogie consacrée aux arts : *De Pictura* (*De la peinture*), *De Re Aedificatoria* (*L'Art d'édifier*) et *De Statua* (*De la sculpture*). Ces traités auront un impact considérable sur les artistes de la Renaissance. Alberti contribue ainsi à faire évoluer le statut de l'artiste en élevant ces trois disciplines, alors considérées comme artisanales, au même rang que la littérature ou la philosophie.

LE STATUT DE L'ARTISTE AU *QUATTROCENTO*

La notion d'artiste, au sens où on l'entend aujourd'hui, apparaît à la Renaissance. Au Moyen Âge, la sculpture, la peinture et l'architecture appartiennent aux arts mécaniques, au même titre que d'autres activités manuelles (orfèvrerie, mercerie, draperie, médecine, etc.). Pour être reconnu et vivre de son art, le futur artiste doit accéder au rang de maître. Pour ce faire, dès l'âge de 12-13 ans, il entre en apprentissage dans l'atelier (*bottega* en italien) d'un maître pour lequel il effectue d'abord des travaux domestiques simples (nettoyage de l'atelier, broyage des couleurs, etc.), avant de se voir confier des tâches plus techniques (préparation du support, réalisation d'un motif, etc.). Il participe ensuite aux travaux du maître à l'exception des parties délicates, les mains et les visages, par exemple. Ce n'est qu'après plusieurs années d'apprentissage qu'il peut enfin espérer devenir maître à son tour.

Si l'art s'était déjà attiré la protection de la haute société à la fin du Moyen Âge, le *Quattrocento* voit naître toute une génération de mécènes qui favorisent considérablement le développement et le rayonnement des arts italiens. Florence est placée sous le patronage des Médicis, Rome sous celui des papes, tandis que de grandes familles ducales contribuent à l'épanouissement artistique de leurs villes respectives. Piero Della Francesca bénéficie ainsi de la protection de mécènes importants tels que Lionel d'Este (1407-1450) à Ferrare, Sigismond Malatesta (1417-1468) à Rimini ou Federico III de Montefeltro (1422-1482) à Urbino.

BIOGRAPHIE

UNE ENFANCE EN TOSCANE

Nous savons peu de choses sur les débuts de Piero Della Francesca. L'artiste, aîné d'une fratrie de quatre garçons, naît en Toscane, dans la commune de Sansepolcro (anciennement appelée Borgo Sansepolcro), probablement vers 1416. La famille de son père, Benedetto De Franceschi, cordonnier et tanneur, est installée dans la région depuis plusieurs générations. Sa mère, Romana Di Pierino da Monterchi, est issue de la noblesse toscane. Si aucun renseignement précis ne nous est parvenu sur sa jeunesse, Vasari rapporte toutefois qu'il étudie les mathématiques et s'intéresse à la peinture vers l'âge de 15 ans. Dans les années 1430, Piero Della Francesca assiste un artiste local et ami de son père, Antonio Di Anghiari, spécialisé dans la confection d'étendards et de blasons. C'est à ses côtés qu'il apprend les rudiments du métier de peintre. Ses premières œuvres laissent par ailleurs penser qu'il connaît l'art toscan et les artistes de l'école siennoise, notamment Sassetta (vers 1400-1450).

LES *VITE* DE VASARI

Peintre et architecte du *Cinquecento*, Giorgio Vasari est aussi le premier théoricien et historien de l'art. En 1550, la publication de ses *Vite* (*Les Vies des meilleurs peintres, sculpteurs et architectes*), compilation des biographies des plus grands artistes de la Renaissance italienne, marque la naissance de cette discipline. C'est également la première fois que l'on trouve le terme de *renaissance* (*rinascimento* en italien) pour parler de la révolution qui touche les arts à cette époque.

La présence de Piero Della Francesca à Florence est attestée pour la première fois de 1439 à 1442. Sa venue se justifie par un projet de décoration consistant en plusieurs fresques – dont il ne reste que des fragments – destinées au chœur de l'église Sant'Egidio, en collaboration avec le peintre Domenico Veneziano (vers 1410-1461). Entraîné dans l'effervescence artistique de la capitale du *Quattrocento*, Piero Della Francesca découvre l'art de Masaccio et de Fra Angelico, s'initie aux lois de la perspective grâce aux constructions de Brunelleschi, et acquiert de solides bases techniques. Dès cette époque, il soigne particulièrement le rapport de proportions de ses figures et la géométrisation de ses volumes.

De retour à Sansepolcro en 1442, l'artiste est nommé conseiller communal, comme son père avant lui. En 1445, il entame pour sa ville natale son premier projet de grande ampleur, le *Polyptyque de la Miséricorde*, commandé par la confrérie de la Miséricorde. Cette entreprise ne s'achèvera que vers 1462.

SOUS LE MÉCÉNAT DES DUCS TOSCANS

À partir de 1445, le peintre travaille au service de différents ducs locaux, notamment à Ferrare, Rimini et Urbino.

À Ferrare, probablement vers 1449, il réalise les fresques – aujourd'hui perdues – du château des ducs d'Este et de l'église des Augustins de Saint-André. Son choix d'utiliser la peinture à l'huile, une pratique inhabituelle chez un artiste italien, est probablement influencée par sa rencontre avec le peintre flamand Rogier Van Der Weyden (1399/1400-1464), qui séjourne en Italie à cette époque. En 1451, Piero Della Francesca se rend à Rimini, où il côtoie l'architecte et mathématicien Leon Battista Alberti. Cette rencontre est déterminante pour l'évolution de son style qui se dirige vers une géométrisation encore plus rigoureuse. À la demande du *condottiere* Sigismond Malatesta (1417-1468), surnommé le Loup de Rimini, il peint une fresque pour la chapelle des reliques du temple Malatesta montrant son commanditaire en prière devant son saint patron : *Saint Sigismond et Sigismondo Pandolfo Malatesta* (1451). Mais un autre projet l'accapare pleinement dans les années 1450-1460 : un cycle de fresques commandité par la famille Bacci pour la basilique Saint-François d'Arezzo, *La Légende de la vraie croix*.

Parallèlement, il voyage aux quatre coins de la Toscane et à Rome, et réalise plusieurs chefs-d'œuvre dont *La Flagellation du Christ* (1455). S'il est probablement déjà allé à Rome avant 1555, sa présence dans la Ville éternelle est en tout cas attestée en 1459, alors qu'il est au service de Pie II (1405-1464). Il est chargé par le pape d'exécuter des fresques pour les salles du Vatican. Ses réalisations seront cependant remplacées par celles de Raphaël au début du XVIe siècle et, de sa période romaine, il ne reste que des fragments de fresques pour l'église de Sainte-Marie-Majeure (*Saint-Luc l'évangéliste*). L'artiste séjourne également plusieurs fois à Sansepolcro où il honore quelques commandes, par exemple *La Résurrection* (1463-1465), et renouvelle sa collaboration avec Domenico Veneziano pour la voûte de la sacristie de Sainte-Marie de Loreto.

À Pérouse, il peint le somptueux *Polyptyque de Saint-Antoine* (1460-1469) figurant une Vierge à l'Enfant surmontée de l'Annonciation pour le couvent de Saint-Antoine. Dans les années 1460-1470, le peintre est aussi au service de Federico III de Montefeltro, duc d'Urbino, pour lequel il réalise plusieurs œuvres célèbres à forte influence flamande (*La Vierge de Senigallia*, vers 1474 ; *La Vierge et l'Enfant avec saints, anges et le duc de Montefeltro*, vers 1472-1474 ; *Diptyque des ducs d'Urbin*, vers 1474, etc.).

LES DERNIÈRES ANNÉES

Les dernières années de la vie du peintre sont marquées par sa présence à Sansepolcro et ses échanges avec les grands théoriciens de l'époque. Piero Della Francesca se lie d'amitié avec le mathématicien Luca Pacioli (vers 1445-1510) et approfondit son intérêt pour la théorie. Il rédige ainsi des traités scientifiques sur l'usage des formes géométriques et de la perspective en peinture, et mène principalement une activité d'architecte. Mais, à la fin des années 1480, il est frappé de cécité et meurt à Sansepolcro quelques années plus tard, le 12 octobre 1492.

CARACTÉRISTIQUES

L'INFLUENCE FLAMANDE

Au XVe siècle, l'engouement des cours italiennes pour les artistes flamands tels que Robert Campin (1378/1379-1444), Jan Van Eyck (vers 1390-1441), Rogier Van der Weyden, Hans Memling (vers 1433-1494) ou Hugo Van der Goes (entre 1435 et 1445-1482) amène les artistes italiens à enrichir leur répertoire formel, à s'orienter vers un rendu plus réaliste et à accorder davantage d'attention aux détails. Le duc de Montefeltro apprécie particulièrement les peintres flamands, notamment Joos Van Wassenhove (1410-1480), qu'il fait venir en Italie pour travailler à son service dans les années 1470.

L'art de Piero Della Francesca n'échappe pas à cet attrait pour les maîtres du Nord. L'influence flamande est particulièrement visible dans ses œuvres réalisées à la cour d'Urbino dans les années 1460-1470, notamment dans sa *Vierge de Senigallia*, qui représente pour la première fois en Italie une Vierge à l'Enfant dans un intérieur domestique, un thème cher aux peintres flamands (Robert Campin, *La Vierge à l'écran d'osier*, vers 1440 ; Jan Van Eyck, *La Vierge de Lucques*, 1435-1440). En outre, si Piero Della Francesca travaille principalement à la tempera au début de sa carrière, il est l'un des premiers artistes italiens à utiliser la peinture à l'huile popularisée par Jan Van Eyck vers 1420. Cette technique picturale, qui consiste à superposer de fines couches de glacis transparent, lui permet non seulement d'apporter à ses compositions une plus grande richesse chromatique, mais aussi une remarquable luminosité (*Vierge et l'Enfant avec saints, anges et le duc de Montefeltro*). Enfin, son souci du détail et l'attention qu'il porte aux matières et aux textures dérivent également de l'art flamand. Sensible à la vraisemblance de ses figures, Piero Della Francesca travaille ses drapés à partir d'une maquette en terre qu'il recouvre de linges ou d'étoffes, ce qui lui permet de copier les plis des tissus de façon très précise.

PIERO DELLA FRANCESCA, LE MATHÉMATICIEN

Malgré l'influence flamande, Piero Della Francesca est un artiste foncièrement italien et son approche mathématique de l'art est directement héritée de ses aînés et compatriotes, Masaccio et Fra Angelico. Au début du XVe siècle, ces deux artistes révolutionnent la peinture en introduisant la notion d'espace et de profondeur dans leurs œuvres grâce à l'illusion d'optique créée par la perspective. Du premier, Piero Della Francesca retient essentiellement la construction des volumes et des modelés, du second, la toute-puissance de la lumière.

Peintre érudit, passionné de mathématique et de géométrie, Piero Della Francesca connaît également les travaux des Grecs Euclide (IIIe siècle av. J.-C.) et Archimède (287-212 av. J.-C.). Au contact de l'architecte et théoricien Leon Battista Alberti, il approfondit ses recherches sur la perspective et cherche à les adapter à la peinture. Tout au long de sa carrière, Piero Della Francesca n'a de cesse de mettre en pratique ses théories, traitant tous ses sujets de façon mathématique et créant ainsi des compositions totalement inédites. C'est dans la réinterprétation originale de thèmes célèbres de l'histoire de l'art (historiques ou religieux) que celui que l'on considère comme le maître de la perspective se montre le plus novateur (*Le Baptême du Christ*, *La Flagellation*, etc.). De toutes ses œuvres, celle qui résume le mieux l'ensemble de ses recherches est sans doute *La Légende de la vraie croix*. Dans ce cycle de fresques consacré à la *Légende dorée*, un recueil de vies de saints écrit au XIIIe siècle par Jacques de Voragine (vers 1228-1298) qui inspire de nombreux artistes de la Renaissance, l'harmonie des proportions côtoie une parfaite organisation structurelle où prime la pureté des formes géométriques.

Enfin, alliant la pratique à la théorie, pendant les vingt dernières années de sa vie, l'artiste se consacre à la rédaction de trois traités scientifiques : *Trattato d'abaco* (un traité d'arithmétique), *De prospectiva pingendi* (premier texte qui décrit l'usage de la perspective géométrique en peinture) et *Libellus de quinque corporibus regularibus* (une étude sur les cinq solides réguliers de Platon, pilier de la géométrie euclidienne). Les historiens s'accordent aujourd'hui à lui attribuer un quatrième ouvrage, rare et précieux, une édition illustrée des travaux d'Archimède conservée à la bibliothèque Riccardiana à Florence.

VIERGE DE LA MISÉRICORDE

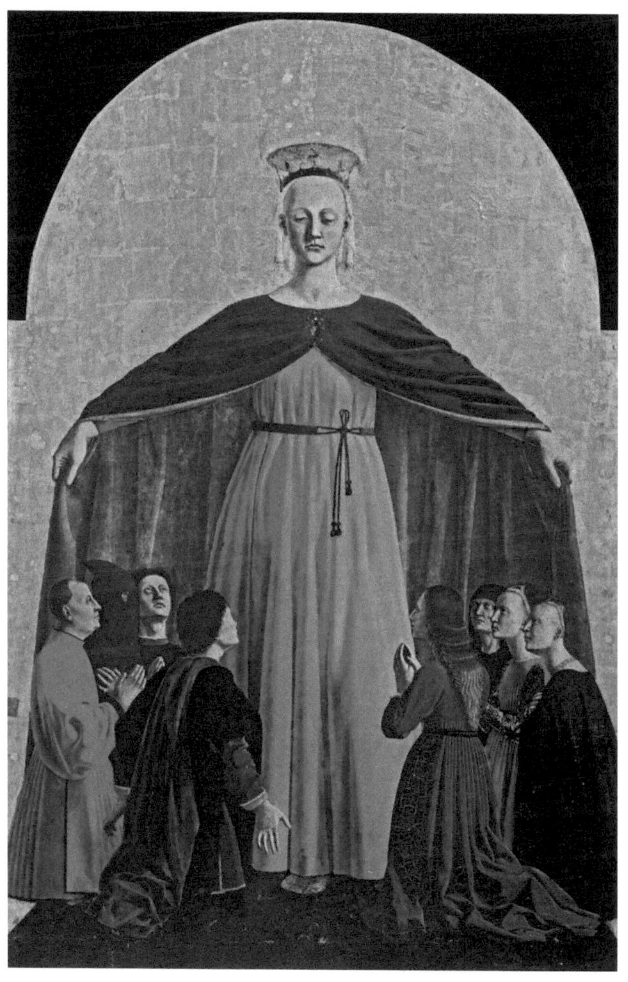

Vierge de la Miséricorde, 1445-1462, huile, tempera et or sur bois,
134 x 91 cm, Sansepolcro, museo Civico.

Le *Polyptyque de la Miséricorde* est le premier grand ouvrage peint de Piero Della Francesca. *La Vierge de la Miséricorde* constitue le panneau central de ce retable commandé à l'artiste par la confrérie de la Miséricorde de Sansepolcro en 1445 et achevé en 1462. Les panneaux latéraux représentent des épisodes de la vie de la Vierge et du Christ, ainsi que plusieurs figures de saints. Initialement destiné à prendre place au-dessus de l'autel majeur de l'église de Sansepolcro, ce polyptyque est aujourd'hui conservé au musée municipal de la ville.

Le thème iconographique abordé ici est celui de la Vierge de Miséricorde, un sujet traditionnel de l'art chrétien. Marie est représentée dans la position de la madone protectrice, debout, les bras tendus, protégeant de son manteau déployé les pénitents. L'artiste se serait représenté sous les traits du dévot peint de face, à droite, et aurait prêté les visages des membres de sa famille aux autres personnages.

Dans cette œuvre de jeunesse, Piero Della Francesca semble encore influencé par l'art médiéval et la tradition gothique, comme en témoignent le fond d'or archaïque d'inspiration byzantine ainsi que l'utilisation de la perspective signifiante ou inversée. Façon la plus courante de représenter les figures avant la Renaissance, elle consiste à déterminer la taille des personnages en fonction de leur importance. Pourtant, le peintre fait preuve d'une étonnante modernité dans la manière épurée de concevoir son sujet, grâce à une construction parfaitement géométrique. En effet, le demi-cercle formé par la cape de la Vierge suit précisément le tracé de l'alcôve dorée dans laquelle la scène est lovée. La pureté des lignes associée à l'usage de couleurs vives donne à l'imposante figure de Marie une humanité saisissante qui rompt avec le mysticisme empreint de pathos des représentations classiques de cette scène (Enguerrand Quarton et Pierre Vilatte, *La Vierge de Miséricorde de la famille Cadard*, vers 1452).

LA FLAGELLATION DU CHRIST

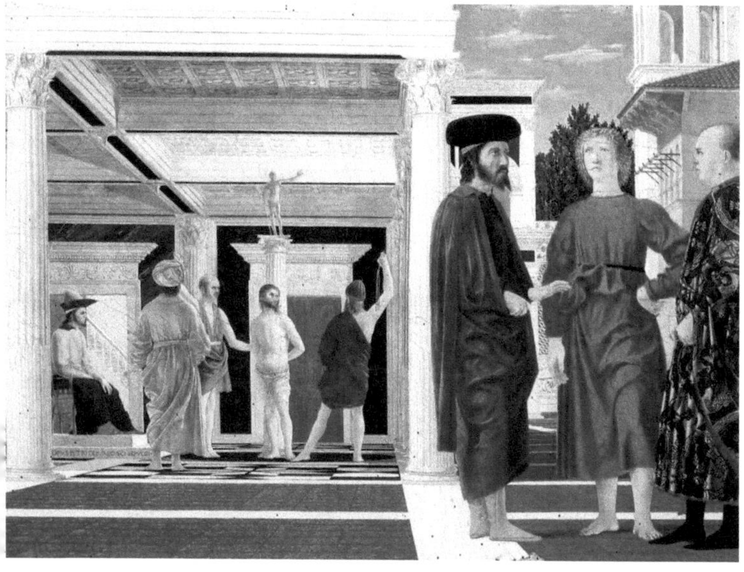

La Flagellation du Christ, vers 1455, tempera sur bois, 58,4 x 81,5 cm, Urbino, galerie nationale des Marches.

Chef-d'œuvre absolu du maître, La Flagellation du Christ résume à merveille le projet de Piero Della Francesca qui consiste à réinventer l'iconographie traditionnelle chrétienne grâce aux nouveaux moyens de représentation découverts à la Renaissance.

D'un point de vue mathématique, ce tableau est le parfait modèle d'une perspective linéaire en peinture. L'artiste exploite ici toutes ses recherches afin de créer une composition purement mathématique en accord avec les codes de la Renaissance : création d'un espace géométriquement délimité au sein duquel toutes les lignes convergent vers un point central, ligne d'horizon placée à hauteur du regard – soit au deux tiers inférieur de la composition –, le tout dans une parfaite harmonie de proportions. Le peintre a en effet veillé à respecter le rapport de proportions des personnages avec les éléments architecturaux. Du dallage en damier aux toitures régulières des différents bâtiments, en passant par l'alignement des colonnes qui soutiennent le plafond à caissons, aucun détail n'est négligé. Par ailleurs, conformément aux théories d'Alberti, il utilise un langage inspiré de l'antique (entablement, chapiteaux corinthiens, placage de marbre, colonnes cannelées, etc.).

Mais l'originalité de cette œuvre dépasse la simple formule mathématique. Rompant avec les codes du genre religieux, Piero Della Francesca relègue son sujet principal au second plan dans une composition savamment orchestrée où sacré et profane coexistent sereinement. L'épisode de la flagellation, tiré de la Passion du Christ, prend place sous une loggia en arrière-plan, tandis que le groupe d'hommes situé au premier plan à droite semble étranger à ce qui se déroule derrière lui. L'identification de ces trois personnages a donné lieu à de multiples interprétations et divise aujourd'hui encore les historiens. Pour certains, il s'agirait du demi-frère de Federico III de Montefeltro, Oddantonio II de Montefeltro, accompagné de ses conseillers Manfredo Dei Pio et Tommaso Di Guido Dell'Agnella, tous trois assassinés en 1444. Pour d'autres, le peintre aurait représenté des humanistes, conseillers ou astrologues de la cour d'Urbino. Enfin, d'autres encore y voient la réconciliation entre les Églises d'Orient et d'Occident suite à l'attaque turque visant Constantinople en 1453. La scène religieuse, quant à elle, est plus clairement identifiable : le Christ, attaché à une colonne, est fouetté avant d'être mené sur la colline du Golgotha pour être crucifié. De profil à gauche, Ponce Pilate (Ier siècle) assiste au supplice de Jésus sur un siège en pierre sur lequel est gravée la signature du peintre en latin : « OPVS PETRI DEBVRGO SCI SEPVLCRI » (« Œuvre de Piero De Borgo San Sepolcro »).

DIPTYQUE DES DUCS D'URBIN

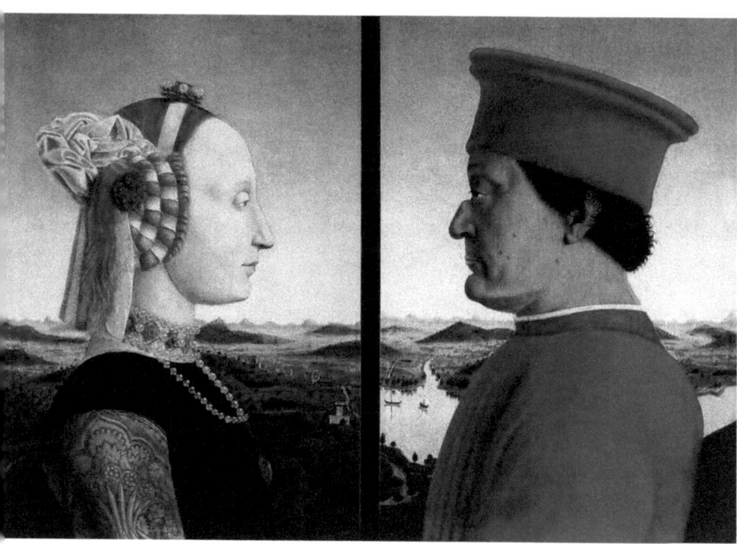

Diptyque des ducs d'Urbin, recto, vers 1474, huile et tempera sur bois,
47 x 33 cm chaque panneau, Florence, galerie des Offices.

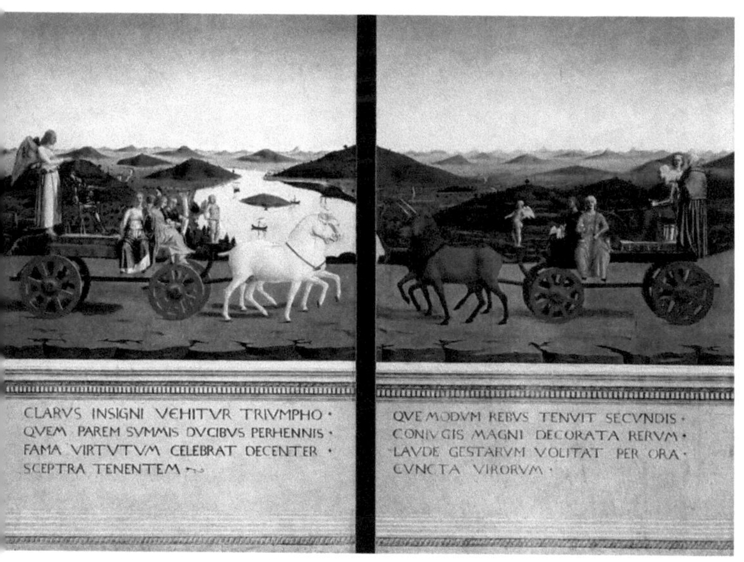

Diptyque des ducs d'Urbin, verso.

Les portraits d'époux, peints sur deux panneaux (bois, métal ou ivoire) articulés par des charnières, existent depuis l'Antiquité. Le style choisi par Piero Della Francesca pour représenter Federico III de Montefeltro en compagnie de sa seconde épouse, Battista Sforza (1447-1472), mêle plusieurs influences : antique pour le profil en médaillon et l'inscription latine gravée au dos, flamande pour le réalisme des visages et le détail du paysage, italienne pour la maîtrise de la lumière et la dimension symbolique.

Ses portraits frappent tout d'abord par leur précision anatomique. Afin de renforcer l'illusion et d'augmenter le réalisme du rendu, le peintre a réalisé un mélange d'huile et de tempera. Représentés de profil et en buste, se faisant face, les deux époux sont unis par un même paysage qui se déploie d'un tableau à l'autre et met en avant les talents de miniaturiste de l'artiste. Si Federico et Battista sont montrés dans leurs plus beaux apparats, le peintre n'a pas cherché à atténuer leurs imperfections physiques. Le duc de Montefeltro est reconnaissable à son nez cassé, conséquence d'un accident de tournoi survenu pendant sa jeunesse et au cours duquel il perdit l'œil droit. L'artiste s'est même attaché à peindre des détails inhabituels pour un portrait de cour, comme les rides profondes et les grains de beauté disgracieux qui sillonnent son visage. De 25 ans sa cadette, sa jeune épouse, quant à elle, subit le dictat qu'impose la mode de son temps à son rang élevé, coiffure élaborée à macarons avec voile blanc tressé en damier, sourcils épilés et front rasé.

Deux scènes de triomphe figurent au dos des portraits, célébrant chaque destinataire représenté sur un char conduit par Éros, le dieu de l'amour. Les ducs d'Urbino sont accompagnés des personnifications allégoriques de leurs vertus : cardinales pour Federico (justice, prudence, courage et tempérance) et théologales pour Battista (foi, espérance et charité). Paré d'une armure rutilante et bâton de commandement à la main, le duc est couronné par la Victoire dans un char tiré par deux chevaux blancs. Entourée de symboles de pureté et de chasteté, la duchesse lit un livre de prières dans un char mené par deux licornes. À l'arrière-plan, le territoire d'Urbino se dessine en vue aérienne, dévoilant au loin le relief des Apennins, dans une perspective atmosphérique d'inspiration flamande – l'effet de profondeur est créé grâce à la distance des différents éléments suggérée par le biais d'un dégradé de couleurs et d'une diminution des contrastes.

UNE DATATION INCERTAINE

On ignore la date exacte de création de ce double portrait. L'inscription latine figurant au dos de celui de Federico III de Montefeltro le célébrant en qualité de duc, on peut supposer que l'artiste a peint l'œuvre en 1474, date à laquelle le *condottiere* a obtenu ce titre. Dans ce cas, le portrait de Battista Sforza serait posthume car la jeune femme est morte en 1472, ce que confirmerait l'inscription rédigée au passé au dos de son portrait. En admettant cette hypothèse, le peintre aurait travaillé d'après un ancien portrait de la duchesse. Cependant, certains historiens pensent plutôt que le diptyque a été réalisé à la fin des années 1460 et que les inscriptions ont été ajoutées *a posteriori*.

VIERGE ET L'ENFANT AVEC SAINTS, ANGES ET LE DUC DE MONTEFELTRO

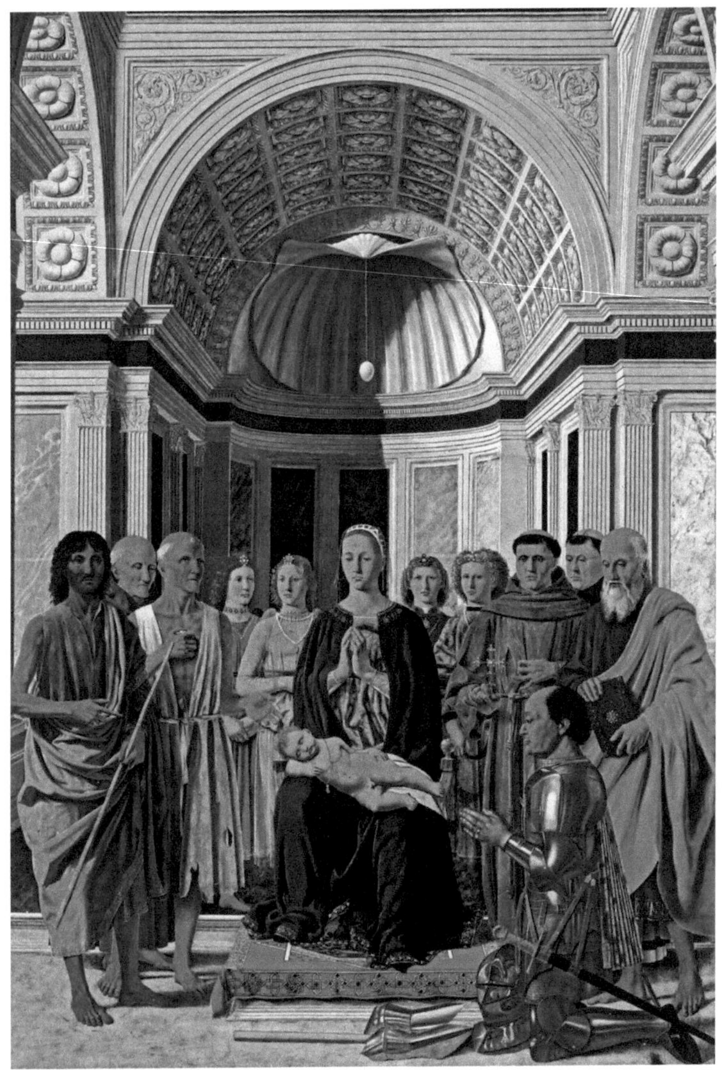

Vierge et l'Enfant avec saints, anges et le duc de Montefeltro, vers 1472-1474, tempera et huile sur bois, 248 x 150 cm, Milan, pinacothèque de Brera.

Ce retable est l'une des dernières œuvres notables du peintre, commandée par le duc de Montefeltro, probablement à l'occasion de la naissance de son fils, Guibobaldo, en 1472.

Le sujet représenté est une Sainte Conversation ou Conversation sacrée, un thème iconographique de l'art chrétien dans lequel la Vierge est montrée trônant au centre et portant l'enfant Jésus dans ses bras, entourée d'anges et de saints. Dans le tableau de Piero Della Francesca, Marie est accompagnée de quatre anges et de six saints dont cinq sont clairement identifiés (Jean-Baptiste, Bernardin de Sienne, Jérôme, François d'Assise, Pierre). Conformément à la tradition, le commanditaire – ici Federico III de Montelfetro – assiste à la scène en position d'orant. Orné des attributs militaires, le *condottiere* a déposé son casque en signe de respect.

Ici encore, on note l'influence flamande à travers la mise en forme des drapés et les visages des saints, mais surtout dans l'incroyable traitement de l'armure du duc dans laquelle se reflète une fenêtre – un détail qui n'est pas sans rappeler le célèbre *Portrait des époux Arnolfini* (1434) de Jan Van Eyck. La précision de cette armure étincelante, rendue possible grâce à l'utilisation de la peinture à l'huile, a d'ailleurs permis aux spécialistes d'y reconnaître la marque de fabrique des ateliers milanais de Missaglia.

La scène prend place dans l'abside d'une église renaissante de style classique surmontée d'une voûte constituée de caissons à fleurons au centre de laquelle est nichée une coquille. Suspendu à une chaîne en or, cet œuf a donné lieu à différentes interprétations. Symbole de création et de fécondité dans la religion chrétienne, il ferait référence à la naissance du Christ, ou peut-être à celle de Guidobaldo. On peut également y voir une perle, symbole de l'immaculée conception. Comme à son habitude, Piero Della Francesca a particulièrement soigné la géométrie de sa composition en renforçant

la verticalité des pilastres par l'alignement des figures. La monu-
mentalité de l'architecture est quant à elle accentuée par l'emploi
du marbre blanc qui recouvre toute la moitié supérieure de l'œuvre.
Enfin, une lumière vive et rasante vient souligner la solennité de
ce moment sacré.

PIERO DELLA FRANCESCA, UNE SOURCE D'INSPIRATION

LES FONDEMENTS DE LA PEINTURE RENAISSANTE

Piero Della Francesca fait partie de ces génies qui ont véritablement révolutionné l'art de leur temps. Dès le XVᵉ siècle, celui que l'on considère comme le maître de la perspective exerce une influence incontestable sur ses élèves et contemporains. Des peintres tels que Giovanni Bellini (vers 1430-1516), Melozzo da Forlì (1438-1494) et Antonello Da Messina sont particulièrement marqués par son style. C'est également le cas de Luca Signorelli (vers 1445-1523), son élève, dont les œuvres montrent une parfaite assimilation de la leçon du maître (*La Circoncision du Christ*, 1490-1491 ; *La Flagellation*, 1507-1510 ; *La Communion des apôtres*, 1516). Enfin, les compositions de Pérugin ne cachent pas non plus l'héritage de Piero Della Francesca, ce qui est particulièrement frappant dans ses deux grands chefs-d'œuvre : *La Remise des clefs à Saint-Pierre* (vers 1482) et *Le Mariage de la Vierge* (1500-1504).

L'apport principal de l'artiste consiste en l'adaptation des lois de la géométrie euclidienne à la peinture et en la création d'un nouvel espace pictural scientifiquement déterminé. Aussi les éléments architecturaux qu'il introduit dans ses œuvres pour construire sa perspective (dallage en damiers, enfilade de colonnes, voûtes et plafond à caissons, etc.) sont-ils largement repris par les peintres du siècle suivant. Rappelons que c'est sur cette mathématisation de l'art que repose, pour l'essentiel, la peinture de la Renaissance italienne. Ainsi, ses œuvres, mais surtout ses écrits, influencent profondément les figures majeures du *Cinquecento* italien, Léonard de Vinci, Raphaël ou encore Bramante. Ses recherches sur la géométrie dans l'espace ont par ailleurs inspiré l'ouvrage de Luca Pacioli (1445-1510), *De divina proportione*, publié en 1509 et illustré par Léonard de Vinci.

LE SAVIEZ-VOUS ?

Dans ses *Vite*, Vasari accuse Luca Pacioli d'avoir plagié les écrits de Piero Della Francesca en publiant sous son nom les théories de son compatriote. S'il est difficile de vérifier une telle accusation, le moine franciscain a cependant le mérite d'avoir contribué à vulgariser la connaissance mathématique de son époque, y compris les théories de son maître et ami, dans plusieurs ouvrages rédigés pour la première fois en langue italienne.

DA MESSINA, PÉRUGIN ET RAPHAËL
SUR LES PAS DE PIERO DELLA FRANCESCA

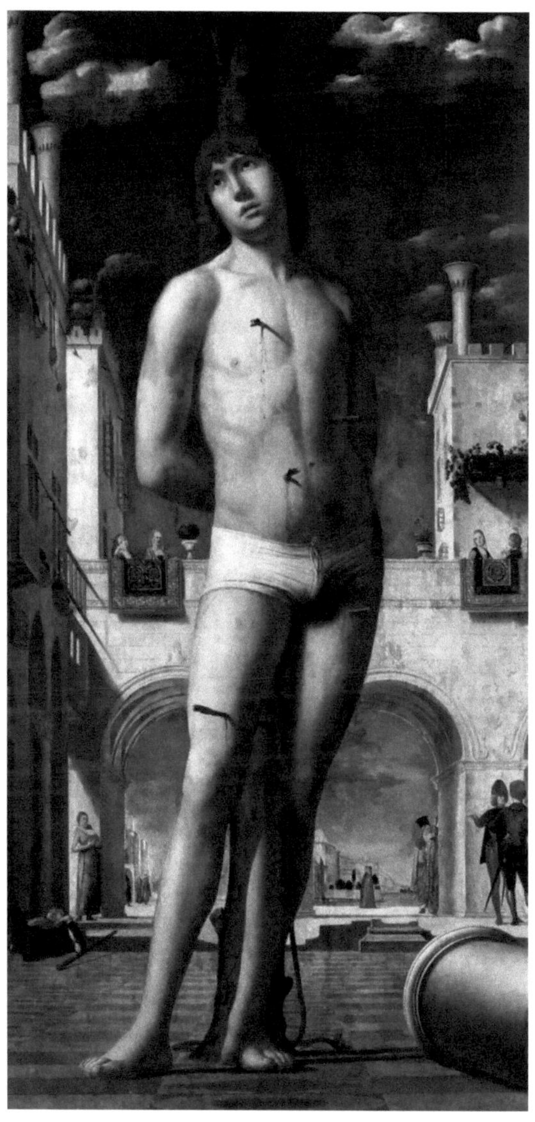

DA MESSINA (Antonello), *Saint Sébastien*, 1476-1477, huile sur toile, 171 x 85,5 cm, Dresde, Gemäldegalerie Alte Meister.

Le *Saint Sébastien* d'Antonello Da Messina faisait probablement partie d'un triptyque commandé par l'église San Giuliano pour prévenir la ville de la peste noire. Ce martyr romain est en effet souvent invoqué pour combattre les épidémies, la peste en particulier. Originellement conçue sur un panneau de bois, l'œuvre a été transférée sur toile. Conformément à la tradition iconographique chrétienne, saint Sébastien est représenté attaché à un poteau et percé de flèches, en référence aux conditions de son supplice. Le paysage urbain à l'architecture vénitienne qui anime l'arrière-plan dérive directement de la conception spatiale de Piero Della Francesca, comme le confirment l'utilisation du carrelage en damier montré en perspective linéaire et les arches qui découpent le fond. Mais le rapport de proportions est ici exagéré par l'artiste pour faire ressortir l'imposante figure du saint en contrapposto au premier plan.

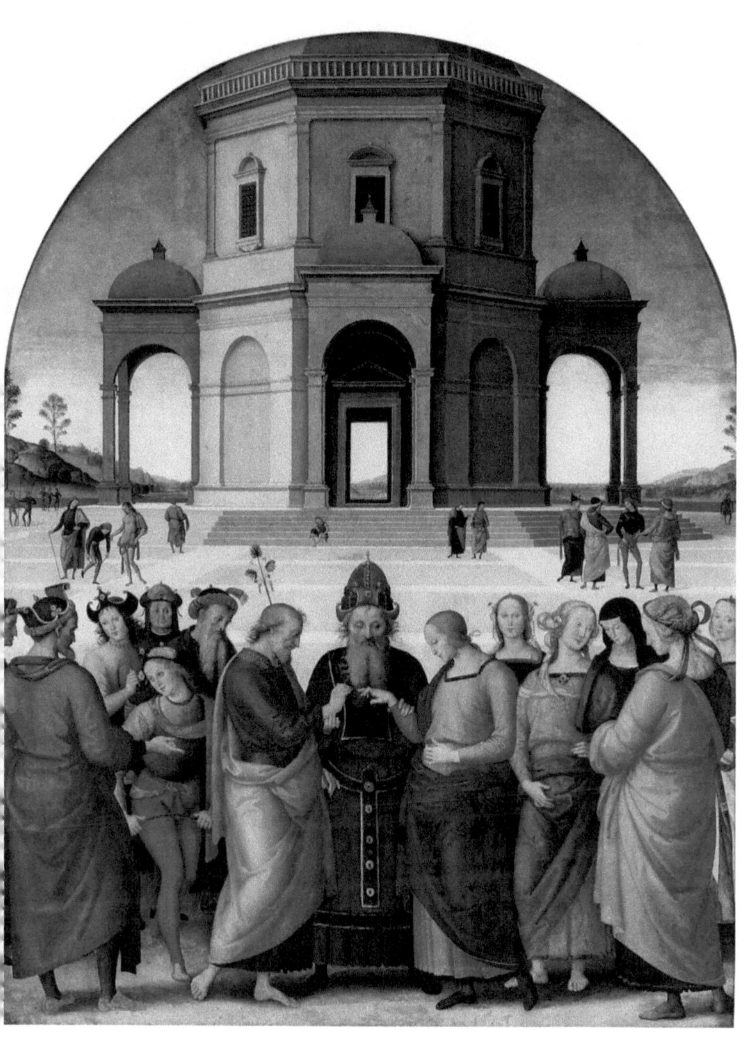

PÉRUGIN, *Le Mariage de la Vierge*, 1500-1504, tempera et huile sur bois, 234 x 186 cm, Caen, musée des Beaux-arts.

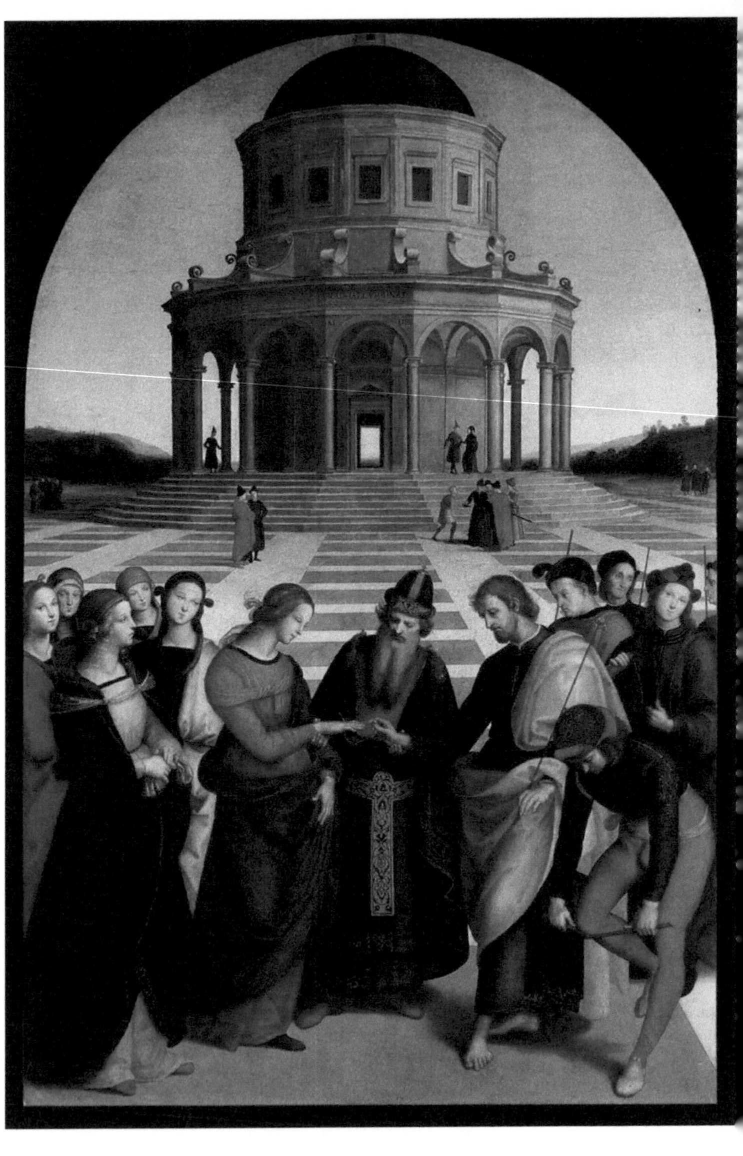

RAPHAËL, *Le Mariage de la Vierge*, 1504, huile sur bois, 170 x 118 cm, Milan, pinacothèque de Brera.

Le sujet représenté ici est le mariage de la Vierge, un épisode tiré du Nouveau Testament et repris par Jacques de Voragine dans sa *Légende dorée*. Tandis que les prétendants de Marie se présentent à elle avec une baguette de bois, celle de Joseph est la seule qui se met à fleurir, le désignant ainsi comme son époux par choix divin. C'est le prête Zacharie qui unit les futurs mariés.

Ces deux œuvres contemporaines exécutées par Pérugin et son élève Raphaël au tout début du XVIe siècle reprennent les codes picturaux développés par Piero Della Francesca quelques décennies plus tôt. Elles révèlent une organisation spatiale savante basée sur la perspective linéaire dans laquelle quatre plans se succèdent : le mariage de la Vierge déroulé en frise, une scène de vie avec figures sur l'esplanade, l'imposant monument, puis le paysage. Les deux compositions sont construites de la même façon à partir d'une symétrie axée sur une ligne de fuite centrale ayant pour point focal l'entrée du temple. Pour se différencier de Pérugin, Raphaël a choisi de modifier le cadrage de la scène en optant pour un angle de vue plus éloigné. L'édifice de plan octogonal surmonté d'une coupole, à l'arrière-plan, est caractéristique de l'architecture de style renaissant d'inspiration antique.

- Piero Della Francesca est un peintre, géomètre, mathématicien et théoricien de la Renaissance italienne actif en Toscane au *Quattrocento* (xvᵉ siècle).

- C'est à Florence qu'il reçoit sa première grande commande qu'il honore en collaboration avec Domenico Veneziano. Sous l'influence des théories de Leon Battista Alberti, il développe un profond attrait pour la perspective et la géométrie.

- Piero Della Francesca travaille ensuite à la cour des plus grands aristocrates de l'époque, à Ferrare, Urbino et Rimini. Il est notamment le protégé du duc Federico III de Montefeltro pour lequel il réalise de nombreuses commandes.

- Parmi ses œuvres les plus connues figurent le *Polyptyque de la Miséricorde*, *La Flagellation du Christ*, le *Diptyque des ducs d'Urbin*, *Le Baptême du Christ*, *La Vierge et l'Enfant avec saints, anges et le duc de Montefeltro* ainsi que le cycle de fresques de la *Légende de la vraie croix*.

- Piero Della Francesca fait partie des premiers peintres italiens à utiliser la technique de la peinture à l'huile popularisée par Jan Van Eyck. Sa peinture est à la fois influencée par l'art flamand et les peintres toscans du début du xvᵉ siècle (Masaccio et Fra Angelico). C'est avec une grande originalité qu'il adapte le réalisme nordique à la rigueur classique du répertoire italien.

- Maître incontesté de la perspective, Piero Della Francesca est aussi l'auteur de plusieurs traités théoriques concernant les mathématiques. Ses œuvres comme ses écrits exercent une influence considérable sur les arts de la Renaissance. Antonello Da Messina, Pérugin ou encore Raphaël sont particulièrement marqués par son style.

POUR ALLER PLUS LOIN

SOURCES BIBLIOGRAPHIQUES

- Angelini (Alessandro), *Piero Della Francesca*, Arles, Actes Sud, 2014.
- Arrigoni (Luisa), *Brera. Le guide complet des œuvres de la pinacothèque*, Florence, Scala, 1997.
- Beck (James H.), *La Peinture de la Renaissance italienne*, Cologne, Könemann, 1999.
- Crouzet-Pavan (Elisabeth), *Renaissances italiennes (1380-1500)*, Paris, Albin Michel, 2007.
- Field (Judith Veronica), *Piero Della Francesca : A Mathematician's Art*, New Haven, Yale University Press, 2005.
- Fossi (Gloria), *Galerie des Offices. Le guide officiel*, Florence, Giunti, 2004.
- Lavin (Marilyn Aronberg), *Piero Della Francesca's Baptism of Christ*, New Haven, Yale University Press, 1981.
- Panofsky (Erwin), *La Renaissance et ses avant-courriers dans l'art en Occident*, Paris, Flammarion, 2008.
- Rowley (Neville), *Piero Della Francesca. D'Arezzo à Sansepolcro*, Paris, Gallimard, 2007.
- Vasari (Giorgio), *La Vie des meilleurs peintres, sculpteurs et architectes*, Arles, Actes Sud, 2005.

SOURCES ICONOGRAPHIQUES

- Da Messina (Antonello), *Saint Sébastien*, 1476-1477, huile sur toile, 171 x 85,5 cm, Dresde, Gemäldegalerie Alte Meister. La photo reproduite est réputée libre de droits.

- Della Francesca (Piero), *Diptyque des ducs d'Urbin*, vers 1474, huile et tempera sur bois, 47 x 33 cm chaque panneau, Florence, galerie des Offices. La photo reproduite est réputée libre de droits.
- Della Francesca (Piero), *La Flagellation du Christ*, vers 1455, tempera sur bois, 58,4 x 81,5 cm, Urbin, galerie nationale des Marches. La photo reproduite est réputée libre de droits.
- Della Francesca (Piero), *Vierge de la Miséricorde*, 1445-1462, huile, tempera et or sur bois, 134 x 91 cm, Sansepolcro, museo Civico. La photo reproduite est réputée libre de droits.
- Della Francesca (Piero), *Vierge et l'Enfant avec saints, anges et le duc de Montefeltro*, vers 1472-1474, tempera et huile sur bois, 248 x 150 cm, Milan, pinacothèque de Brera. La photo reproduite est réputée libre de droits.
- Messina (Antonello da), *Saint Sébastien*, vers 1478, huile sur toile, 171 x 85,5 cm, Dresde, Gemäldegalerie Alte Meister. La photo reproduite est réputée libre de droits.
- Pérugin, *Le Mariage de la Vierge*, 1500-1504, tempera et huile sur bois, 234 x 186 cm, Caen, musée des Beaux-arts. La photo reproduite est réputée libre de droits.
- Raphaël, *Le Mariage de la Vierge*, 1504, huile sur bois, 170 x 118 cm, Milan, pinacothèque de Brera. La photo reproduite est réputée libre de droits.

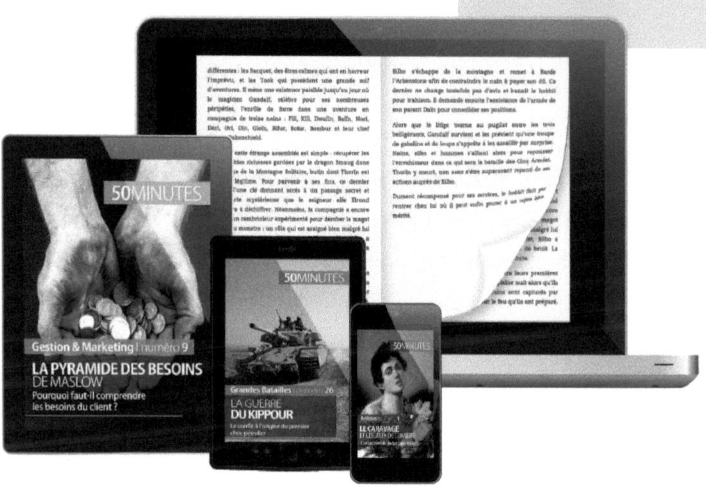

50MINUTES

SOYEZ LÀ
OÙ ON NE VOUS ATTEND PAS !

www.50minutes.com

www.50minutes.com

Éditeur responsable : Lemaitre Publishing
Rue Lemaitre 6 | BE-5000 Namur
info@lemaitre-editions.com

ISBN ebook : 978-2-8062-5834-2
ISBN papier : 978-2-8062-5835-9
Dépôt légal : D/2015/12603/6
Photo de couverture : © *Diptyque des ducs d'Urbin* (vers 1474), par Piero Della Francesca (panneau de gauche).

Conception numérique : Primento,
le partenaire numérique des éditeurs